글 | 최향숙

명지 대학교에서 문헌 정보학을 공부했고 어린이들이 재미있게 읽을 수 있는 책을 기획, 집필하고 있습니다. 지은 책으로는
《21세기 세상은 어떻게 변할까》《우글와글 미생물을 찾아봐》《우리 집 부엌이 수상해》 등이 있습니다. 이 글을 쓰면서
의사에 대한 생각이 바뀌었습니다. 의사는 '사람의 병을 고쳐 주는 사람'이라고 생각했는데, 이 글을 쓰면서 의사는
'사람이 사람답게, 그리고 행복하게 살 수 있도록 돕는 사람'이라고 생각하게 된 것입니다.

그림 | 박재현

시각 디자인을 전공하고 그래픽 디자이너로 활동했습니다. 지금은 다양한 기법으로 어린이 책에 그림을 그리고 있습니다.
그린 책으로는 《투발루에게 수영을 가르칠 걸 그랬어!》《인어는 기름 바다에서도 숨을 쉴 수 있나요?》
《찌푸린 지구의 얼굴 지구 온난화의 비밀》《링링은 황사를 싫어해》《아빠는 나쁜 녀석이야》 등이 있습니다.
《의사가 될 테야》는 수많은 등장 인물 하나하나의 캐릭터에 주의를 기울였고, 시각적 다양성을 추구하고자
디지털 콜라주 기법을 사용하여 표현하였습니다.

감수 | 임민정

의과 대학을 졸업하고 대학 병원에서 수련 과정 5년을 마친 뒤, 더 많은 경험을 하고 싶어서 미국의 재활 병원에서
1년 동안 공부했습니다. 지금은 재활 병원에서 환자들을 치료하고 있어요. 아프고 불편한 환자들의 몸과 마음을 함께
치료할 수 있는 의사가 되어 너무 행복하고 보람을 느낀답니다.

탄탄 미래직업 속으로

글 최향숙 | 그림 박재현 | 감수 임민정 | 기획 편집 아우라(김수현, 박선희, 김현숙) | 디자인 인앤아웃(김화정, 장승아, 김미선)
제작책임 강인석 | 제작 유정근 | 분해 신영칼라 | 종이 (주)아이피피 | 인쇄 인탑 | 제책 (주)영림인쇄
펴낸이 김동휘 | 펴낸곳 여원미디어(주) | 주소 경기도 파주시 교하읍 문발리 파주출판도시 519-1 탄탄스토리하우스
판매처 한국가드너(주) | 출판등록 제406-2009-0000032호 | 전화번호 080-523-4077 | 홈페이지 www.tantani.com
ⓒ여원미디어 ISBN 978-89-6168-588-7 · ISBN 978-89-6168-574-0(세트)

※ 이 책은 저작권법에 따라 국내에서 보호 받는 저작물이므로, 무단으로 이 책 내용의 전부 또는 일부를 복사, 복제, 배포하거나 전산 장치에 저장할 수 없습니다.
⚠주의 1. 책 모서리가 날카로워 다칠 수 있으니 사람을 향해 던지거나 떨어뜨리지 마십시오. 2. 보관할 때 직사광선이나 습기 찬 곳은 피해 주십시오.

의사가 될 테야

글 최향숙 그림 박재현 감수 임민정

여원◆미디어

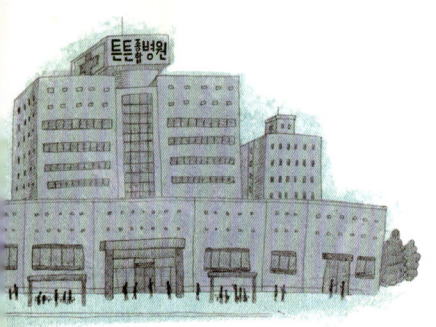

이곳은 튼튼 종합 병원!
훈민이와 정음이가 오늘 취재를 할 곳이에요.
훈민이와 정음이는 어린이 신문 기자예요.
신문에 낼 기사 때문에 의사 선생님을 만나러 왔답니다.
기사 주제는 '미래에 우리 사회를 이끌어 갈 직업,
재활 의학과 의사'예요.
정음이가 얼마 전 방송에서 '재활 의학'이 앞으로
더욱 중요해지고, 재활 의학과 의사가 미래 직업으로
유망하다는 뉴스를 보고 준비한 기사지요.
그런데 재활 의학과가 뭐냐고요? 글쎄요.
훈민이와 정음이도 바로 그게 궁금했어요.
그래서 재활 의학과가 있는 병원을 찾아가서
재활 의학과 의사에 대해 알아보기로 한 거지요.
훈민이와 정음이가 만나기로 한 분은
튼튼 종합 병원의 재활 의학과에서 레지던트로
일하는 나건강 선생님이에요.
오늘 재활 의학과 의사가 어떤 일을 하는지
알려 줄 분이지요.

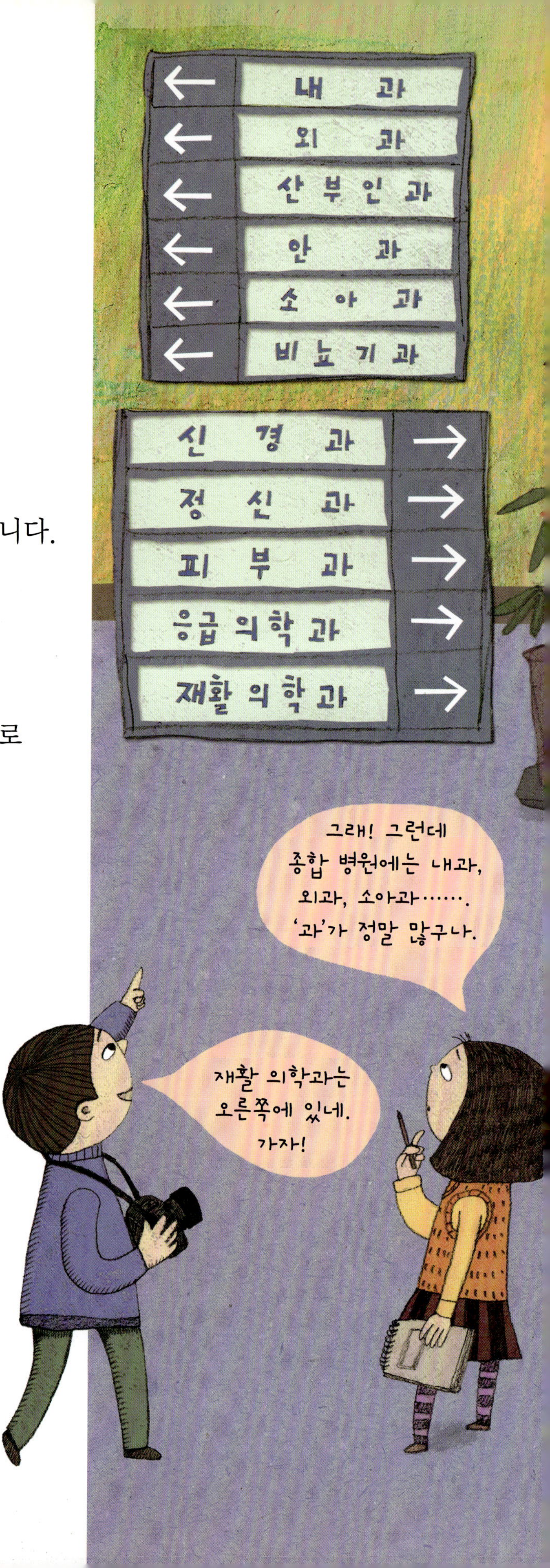

내과
외과
산부인과
안과
소아과
비뇨기과
신경과
정신과
피부과
응급의학과
재활의학과
그래! 그런데 종합 병원에는 내과, 외과, 소아과……. '과'가 정말 많구나.
재활 의학과는 오른쪽에 있네. 가자!

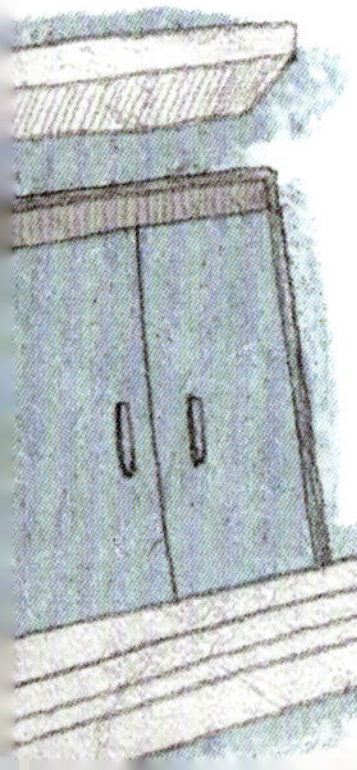

병실을 돌며 환자들을 보살펴요

재활 의학과에 도착한 훈민이와 정음이는 나건강 선생님을 만났어요.
"안녕하세요, 선생님! 저희는 샛별 초등학교 어린이 신문 기자예요."
"안녕! 반갑다."
나 선생님은 재활 의학과 전문의가 되기 위해 올해로 3년째
레지던트 과정을 공부하는 의사예요.
나 선생님은 다른 레지던트들과 함께 재활 의학과 과장님인 이회복 선생님을
모시고 회진을 돌 준비를 하고 있었어요. 회진이란 의사가 하루에 한두 번
병실을 돌며 환자들의 상태를 살피는 일이에요.
나 선생님을 비롯한 레지던트들은 이회복 과장님이 오시기 전에
자신이 담당하는 환자의 상태를 하나하나 자세히 알아보아요.
더 아픈 환자는 없는지, 주사나 약은 제대로 주고 있는지
확인하지요. 또 혹시 치료에 따른 부작용은 없는지도
꼼꼼하게 살펴요. 문제가 있으면 재활 의학과
과장님에게 미리 알려야 하거든요.

아, 여기가 재활 의학과구나!

한 걸음 더 : 의사가 되는 길

의사는 생명을 다루는 일을 하기 때문에 공부를 많이 해야 해요. 6년 동안 의과 대학에서 사람과 병에 대해 공부한 뒤, 의사 면허 시험을 통과해야 의사가 될 수 있지요.
하지만 이 시험에 합격했다고 해서 바로 전문의가 될 수는 없어요. 한 분야의 병을 전문적으로 고치는 의사인 '전문의'가 되려면 공부를 더 해야 해요. 1년 동안 거의 모든 과를 돌면서 일하는 '인턴' 과정을 거친 다음, 소아과나 외과 등 자기가 원하는 분야를 선택해서 3~4년 동안 '수련의', 즉 '레지던트' 과정을 마쳐야 하지요. 그러니까 전문의가 되려면 10년쯤 계속 공부하고 단련해야 해요.

잠시 뒤, 이회복 과장님이 도착하자 회진이 시작되었어요. 나 선생님을 비롯한 레지던트들은 환자들의 증세를 과장님에게 보고했어요.

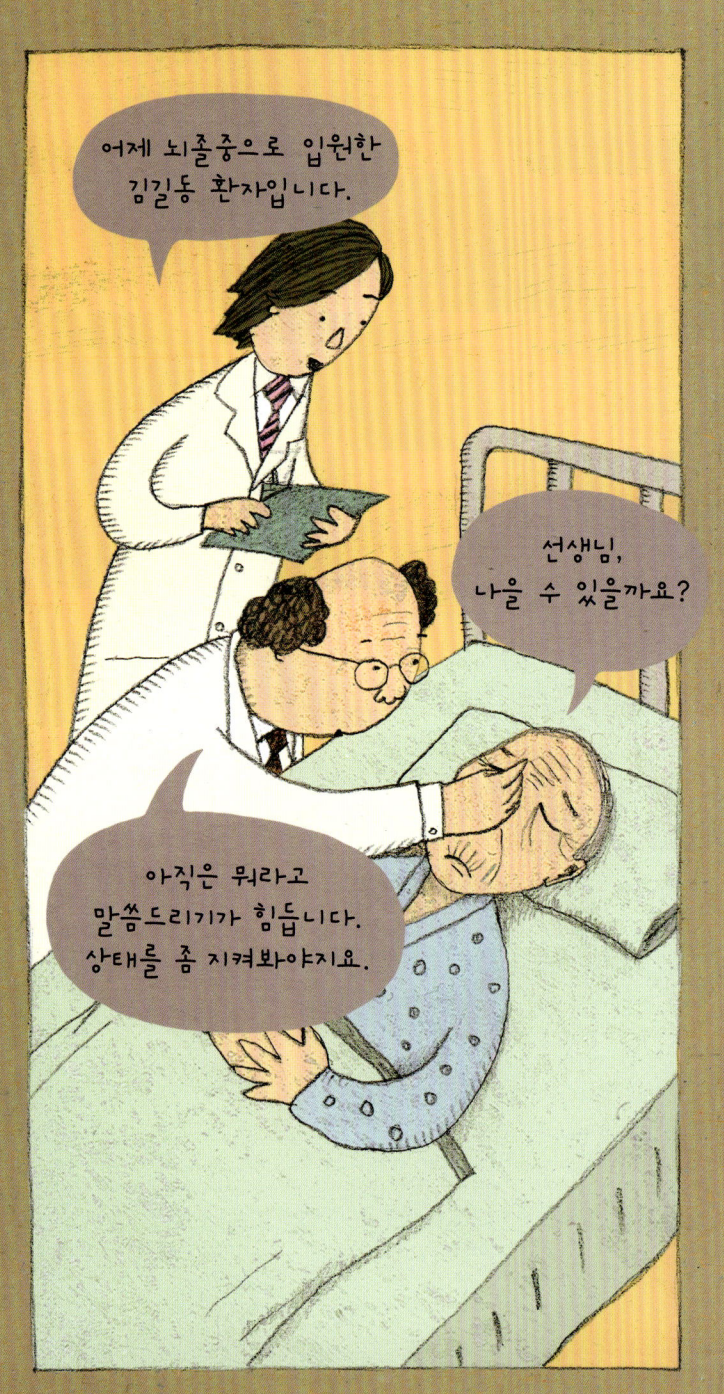

이회복 과장님은 레지던트들의 설명을 들으며 환자 한 명, 한 명에게 질문을 하기도 하고, 환자의 상태를 자세히 살피기도 했지요.

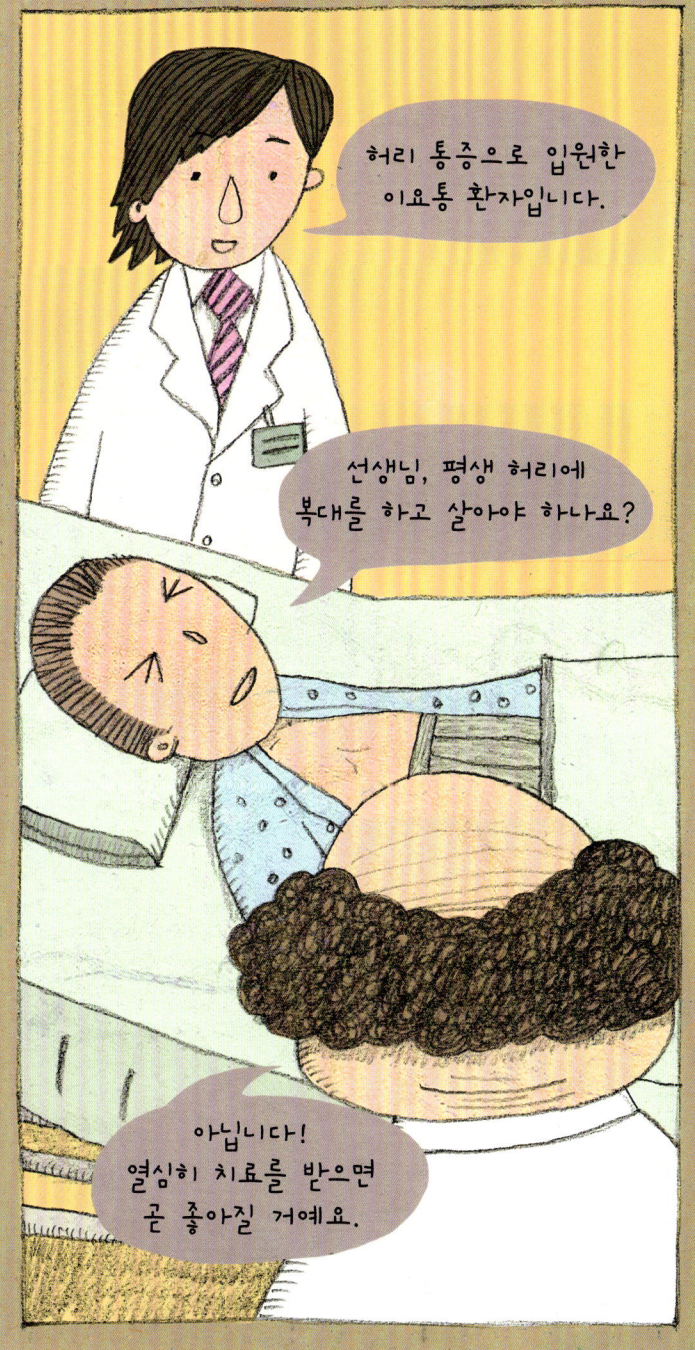

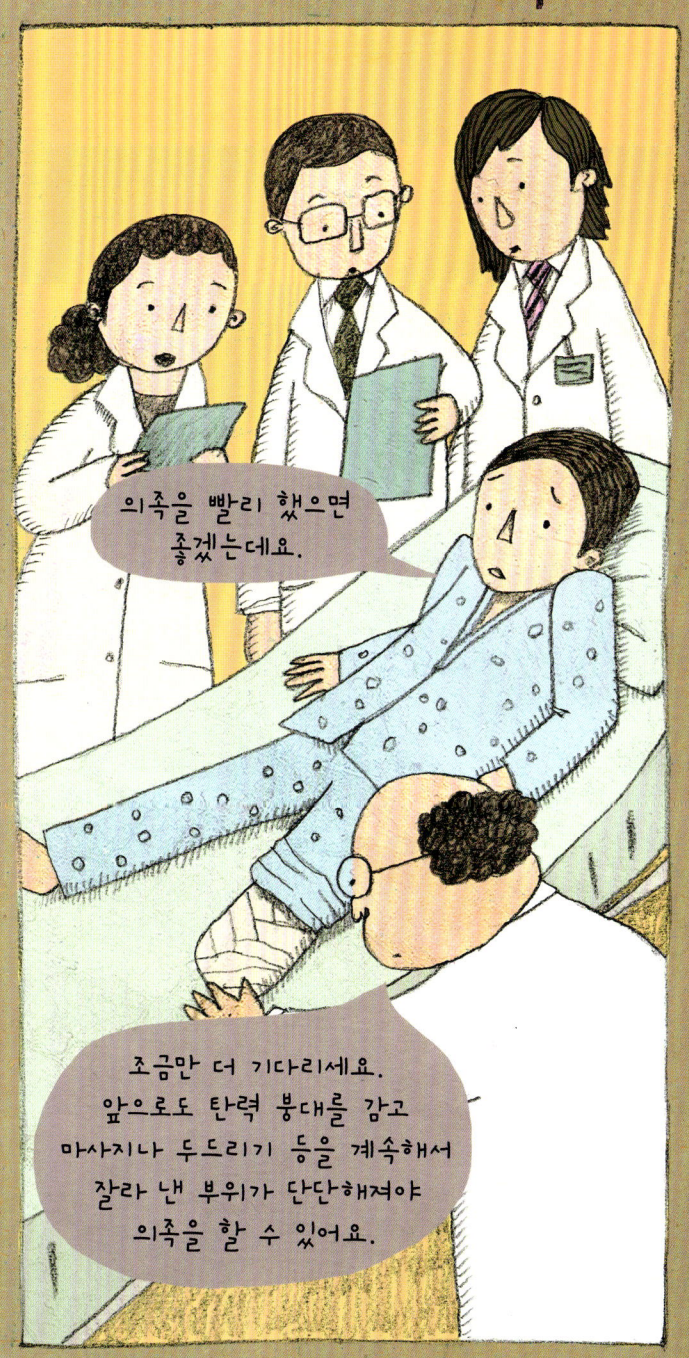

11

치료사들과 함께 치료 방법을 의논해요

회진이 끝난 뒤, 나 선생님은 이회복 과장님과 함께 회의실로 들어갔어요. 훈민이와 정음이도 따라 들어갔지요.

재활 의학과에서는 물리 치료, 작업 치료, 심리 치료, 언어 치료 등 다양한 방법으로 환자들을 치료하는데, 이 치료는 모두 전문 치료사들이 담당해요.

재활 의학과 의사는 큰 배의 선장과 같은 역할을 하고 치료사들은 각자 맡은 일을 하는 선원이라고 할 수 있어요. 치료를 잘하기 위해 재활 의학과 의사들은 치료사들과 함께, 어떻게 환자들을 치료하면 좋을지 의논하기도 하지요.

오늘 회의가 바로 치료사들과 치료 방법을 의논하는 자리랍니다. 훈민이와 정음이가 딱 맞추어서 취재를 온 셈이지요.

여러 사람이 힘을 모아 환자를 치료해요

회의가 끝나자 점심 시간이 다 되었어요. 하지만 나 선생님은 과장님을 따라 진료실로 갔어요. 진료실은 집에서 병원으로 치료를 받으러 다니는 환자를 진찰하는 곳이에요. 신경 외과 선생님이 환자에 대해서 의논할 것이 있다며 진료실에 찾아오기로 했다는군요.

진료실에 온 신경 외과 선생님은 지난주에 입원한 환자의 신경 검사를 부탁했어요.
당장 수술을 해야 할지, 재활 치료가 가능한지 알기 위해서였지요.
교통사고로 머리뼈가 골절되면서 얼굴의 신경을 다쳐서 오른쪽 얼굴이 마비되었는데
자기 공명 영상 검사(MRI)만으로는 신경이 얼마나 다쳤는지 정확히 알 수 없거든요.
신경 외과 선생님과 과장님은 환자에 대해 오랫동안 이야기를 나누었답니다.
저런! 그 사이 훈민이와 정음이는 배가 너무 고파 어쩔 줄 몰라 하네요.

오늘 신경 검사를 해 보면 안면 신경의 상태를 정확히 알 수 있을 테니 수술 여부는 그 뒤에 말씀드리겠습니다. 재활 치료를 통해 안면 마비나 팔다리 마비를 치료할 수 있을지에 대해서도요.

선생님에게 재활 의학에 대해 물어보았어요

회의가 끝나자 훈민이와 정음이는 진료실에서 나와 식당으로 갔어요.
훈민이와 정음이는 그제야 나 선생님과 여유를 갖고 이야기를 나눌 수 있었지요.
두 친구는 나 선생님을 따라다니며 느꼈던 궁금증을 쏟아 놓았답니다.
나 선생님은 재활 의학에 대해서 차근차근 대답해 주셨지요.

20**년 *월 *일 낮 12시 30분

나 선생님과의 인터뷰

 정음 : 선생님, 재활 의학과에는 노인 환자들이 많은 것 같아요. 왜 그런 건가요?

 나 선생님 : 재활 의학과는 기본적으로 근육이나 뼈가 아플 때 찾는 곳이야. 노인들은 오랜 세월 근육과 뼈를 썼기 때문에 자주 아플 수밖에 없지. 앞으로 노인 인구가 더 많아진다고 하니, 그만큼 재활 의학과 의사들의 역할도 커지겠지. 하지만 노인들만 재활 의학과를 찾는 것은 아니란다. 요즘엔 젊은 사람들도 재활 의학과를 많이 찾고 있어.

  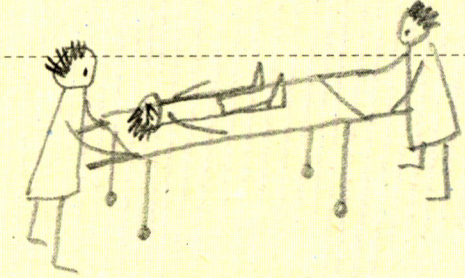

 훈민 : 젊은 사람들은 왜 재활 의학과를 찾나요?

 나 선생님 : 그 이유는 다양해. 사고를 당하거나 병으로 뼈나 근육, 신경을 다쳐서 찾는 경우도 있고, 운동을 하다가 다쳐서 오는 경우도 있지. 또 무리하게 일을 하다가 그럴 때도 있고. 요즘엔 잘못된 자세 때문에 허리나 어깨, 관절 등이 아파 재활 의학과를 찾는 사람들이 많단다.

일상 생활로 돌아갈 때까지 보살펴요

나 선생님은 다시 병실로 갔어요.
선생님은 병실에서 퇴원을 앞둔 두 명의 환자를 만났어요.
한 분은 새벽에 일을 나가다가 교통사고를 당한 아주머니였어요.
그 사고로 아주머니는 뇌와 다리뼈를 다쳐 걸을 수 없게 되었어요.
남편도 딸도 없이 어렵게 살아온 분인데, 정말 큰일이었지요.
나 선생님은 특별히 더 마음을 써서 돌봐 주었어요.
그렇게 6개월이 지난 지금, 아주머니는 지팡이를 짚고 걸을 수
있게 되었어요. 정말 기적과도 같은 일이지요.

또 한 분은 선생님이었는데, 교통사고로 허리뼈와 신경을 다쳤어요.
이 때문에 허리 아래쪽의 몸이 마비되어 평생 휠체어를 타게 되었지요.
처음에는 몸도 아프고 마음도 약해져서 힘들었지만,
가족과 의사 선생님들의 도움으로 지금은 휠체어를 타고
자유롭게 움직일 수 있게 되었어요.
물론 학교로 돌아가서 열심히 학생들을 가르칠 수 있게 되었고요.
이렇게 오랜 기간 재활을 위해 애쓰던 환자들이 퇴원을 할 때,
나 선생님은 보람을 많이 느끼지요.

"힘드시더라도 부축을 받아 조금씩 걷는 연습을 하세요."

"네. 감사합니다."

"이제 곧 학교로 돌아가시니 기쁘시죠?"

"그럼요! 걷는 사람보다 제가 더 빠르게 갈 수도 있답니다."

나 선생님은 잠시 뒤, 사회 복지사를 만났어요. 훈민이와 정음이는 '사회 복지사를 왜 만날까?' 하며 고개를 갸우뚱했답니다.
하지만 곧 이유를 알 수 있었어요. 병이 나거나 다쳐서 몸이 불편했던 사람들도 치료를 마치면 다시 일을 하고 생활도 해야 하잖아요? 그런데 환자들 가운데는 스스로 해결하기 힘든 사람도 있어요. 그런 경우에는 재활 의학과 의사가 사회 복지사와 협력하여 도움을 주지요.

박수길 환자는 다시 학교로 돌아갈 수 있어서 다행인데 윤순자 환자가 걱정이에요. 가족도 없는데 몸이 불편하니 말이에요.

재활 의학과 의사는 사회 복지사와 의논해 장애를 가진 사람들이 가정이나 회사로
돌아갈 때 필요한 시설이나 도구에 대한 정보를 주기도 해요.
그뿐인가요. 장애인을 위한 일자리를 알아봐 주기도 하고, 아주 가난한 사람의
경우에는 도움을 받을 수 있는 곳과 이어 주기도 해요.
이렇게 재활 의학과 의사는 단순히 환자의 아픈 곳만 치료해 주는 것이 아니라,
환자의 삶까지 보살핀답니다.

진료실에서 환자를 치료해요

사회 복지사와 헤어진 뒤 나 선생님은 훈민이와 정음이를 이회복 과장님의
진료실로 데리고 갔어요. 진료실에 어떤 환자가 찾아오는지,
재활 의학과 의사는 진료실에서 어떤 일을 하는지 보여 주기 위해서였지요.
진료실에는 할아버지 한 분이 와 있었어요.
허리가 아파서 제대로 앉지도 못해 병원을 찾으신 것이었지요.
과장님은 할아버지에게 척추 관절에 문제가 생겨서 아픈 것이라고
자세하고 친절하게 설명해 주셨어요.
환자에게 병의 원인과 치료 방법을 정확히 알려 주는 일은 매우 중요하거든요.
과장님은 계속 치료를 받고 약을 먹어야 한다고 이야기한 다음,
신경을 치료하는 주사를 허리에 놓았어요.
하지만 훈민이와 정음이는 주사 놓는 모습은 보지 못했어요.
주사를 보자마자 진료실 밖으로 도망 나왔거든요.

진료실 밖에 나와 보니 진료를 기다리는 환자들이 꽉 차 있었어요.
재활 의학과 의사들의 도움이 필요한 사람들이 많은 것이지요.
그런데 나 선생님이 나오자 진료 순서를 기다리던 할머니 한 분이 일어서더니
인사를 했어요. 할머니는 골다공증으로 다리가 부러져 오래 입원을 했다가
퇴원한 분이에요. 재활 의학과에서 치료를 받고, 걷는 데는 지장이 없을 정도로
회복이 되었대요.

오늘은 마침 회복이 잘되고 있는지 검사를 받으러 왔다가 나 선생님을 만난 거예요.
할머니는 주머니에서 사탕을 꺼내 나 선생님에게 주었어요.
나 선생님은 활짝 웃으며 두 손으로 사탕을 받았지요.
훈민이와 정음이는 나 선생님을 바라보며 '정말 행복해 보이네.'라고 생각했어요.
나 선생님은 벌써 달콤한 사탕을 먹고 있는 것 같은 표정이었거든요.

운동선수의 재활 치료를 도와요

잠시 뒤, 나 선생님은 운동 치료실로 갔어요.
나 선생님이 일하는 곳은 종합 병원 재활 의학과 가운데에서도 규모가 꽤 큰 곳이에요.
그래서 운동선수들만을 위한 운동 치료실이 따로 있지요.
운동선수들은 부상을 당하는 일이 많은데, 제대로 치료하지 않으면
운동선수로서의 생명을 잃을 수 있어요. 부상을 당하지 않는 것이 가장 좋겠지만,
부상을 당했을 때는 재활 치료를 잘 받아야 다시 실력을 발휘할 수 있지요.
운동 치료실에는 나 선생님과 함께 일하는 이명의 선생님이 계셨어요.
이 선생님은 재활 의학 분야에서도 특히 스포츠 재활에 관심이 커서
운동선수 환자들을 주로 담당하지요. 오늘 이 선생님은
무릎 인대가 끊어져 수술을 받고 재활 치료를 하는
축구 선수 강한발 씨와 함께였어요.
강한발 씨는 수술을 받은 뒤 근육과 관절이
약해져 치료를 받는 중이었지요.

나는 노인들의 재활에 관심이 많지만, 저 선생님은 운동선수의 재활에 관심이 더 많단다.

재활 의학과에서도 또다시 전문 분야가 나뉘는 거군요.

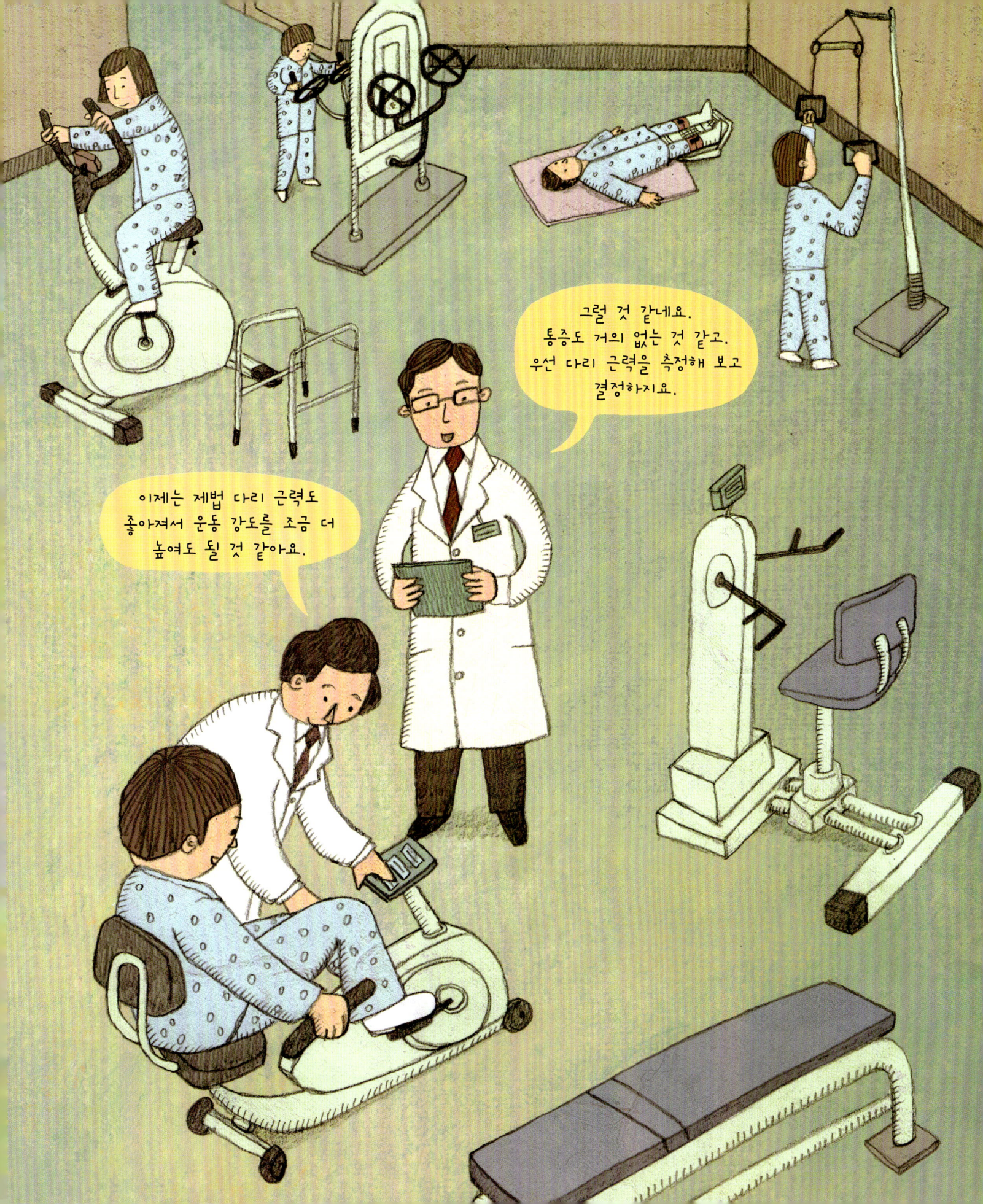

이 검사는 환자분의 상태에 맞는 보조 기구를 만들기 위해서 하는 거예요. 네, 그렇게 움직이시면 돼요.

검사를 통해 환자의 상태를 알아보아요

늦은 오후, 나 선생님은 검사실로 갔어요.
검사실은 환자의 상태를 알아보기 위해 여러 가지 검사를 하는 곳이에요.
첫 번째 환자는 오전에 신경 외과에서 신경 검사를 부탁한 환자였어요. 나 선생님은 환자의 상태를 살핀 뒤 바로 검사를 시작했어요.
다행히 결과가 나쁘지 않아서 수술을 하지 않아도 되는 상태예요. 나 선생님은 재활 치료를 꾸준히 하면 어느 정도는 회복될 거라며 웃었어요.
그러자 환자의 표정이 금세 밝아졌지요.
잠시 뒤에는 정형 외과에서 수술을 받은 뒤 재활 의학과에 입원해 치료를 받고 있는 아주머니가 와서 동작 분석 검사를 받았어요.
치료사 한 분이 아주머니의 몸에 뭔가를 붙인 뒤, 컴퓨터를 조종했지요. 나 선생님이 아주머니에게 꼭 맞는 보조 기구를 만들기 위한 검사라고 하자 아주머니는 몇 번씩이나 기계를 보면서 신기해했어요.
사실 훈민이와 정음이는 아침부터 지금까지 쉬지 않고 일하는 나 선생님이 더 신기했어요.

선생님에게 재활 의학과 의사가 된 이유를 물어보았어요

하루 일을 마칠 무렵이 되자, 재활 의학과 레지던트들이 의국으로 모여들었어요. 의국은 재활 의학과 레지던트들이 일하러 가기 전에 준비하고 기다리는 곳이에요. 주로 레지던트들만 이용하는데 오늘은 어린이 기자들을 위해 과장님이 찾아와 만남의 시간을 가졌지요. 훈민이와 정음이는 선생님들에게 왜 재활 의학과 의사가 되기로 했는지 물어보았어요.

20**년 *월 *일 오후 6시

 정음   왜 재활 의학과 의사가 되겠다고 생각했나요?

 이 선생님   축구 선수가 꿈이었는데 부상 때문에 축구를 포기할 수밖에 없었어요.
그래서 재활 의학과 의사가 되어 나처럼 부상 때문에 꿈을
포기하는 사람이 없도록 돕고 싶었지요.

 레지던트 1   나는 어렸을 때부터 의사가 꿈이었지만,
수술을 하는 것은 조금 꺼려졌어요.
그래서 재활 의학과를 선택했던 것 같아요.
재활 의학과에서는 수술을 하지 않거든요.

 레지던트 2   재활 의학과 의사는 그 어떤 의사보다 환자에게 '좋아질 수 있어요!'
라는 희망을 불어넣어 줘요. 나는 그게 마음에 들어 재활 의학과를
선택했어요. 환자에게 희망을 주는 의사가 되고 싶었거든요.

 나 선생님   앞으로는 재활 의학과 의사가 가장 필요할 것 같았어요.
노인들은 늘어날 거고, 노인들이 늘어날수록 재활 의학과를 찾는
환자도 많을 테니까요.

 과장님   형님이 반신마비 환자예요. 어려서부터 형을 고쳐 주고 싶었지요.
그래서 의사가 됐고, 당연히 재활 의학과를 선택했어요.

환자의 행복을 가꾸어요

한창 이야기를 나누는데, 한 아이가 재활 의학과 의국으로 들어왔어요. 아이의 모습을 본 순간, 모든 의사 선생님이 환호성을 질렀답니다.
아이의 이름은 김민정!
민정이는 다섯 살 때 계단에서 굴러떨어져, 다리를 쓸 수 없게 되었어요. 하지만 재활 의학과에서 1년 동안 치료를 받고 이제는 혼자서 걸을 수 있게 되었답니다.
민정이는 올해 초등학교에 입학했는데 다리 보조기를 착용하고 학교에 다니고 있어요.
정성을 다해 치료한 선생님들은 민정이를 볼 때마다 재활 의학과 의사로서 보람을 느끼지요.
활짝 웃는 민정이와 민정이를 바라보며 기뻐하는 선생님들의 모습에 병원이 다 환해지는 것 같았답니다.

민정이가 가고, 과장님과 레지던트 선생님들도 모두 집으로 돌아갔어요.
하지만 오늘 밤 환자들을 지키는 역할을 맡은 나 선생님은 병원에 남았지요.
정음이는 마지막으로 한 가지를 물어보았답니다.

"선생님은 어떤 의사가 되고 싶으세요?"
정음이의 질문을 받은 나 선생님은 꿈을 꾸는 듯한
얼굴로 이렇게 말했어요.
"환자의 병을 치료할 뿐만 아니라, 환자들이
보다 행복하게 살 수 있도록 돕는 의사가
되고 싶단다. 그리고……."

건강을 잃은 사람들에게 용기를 주는
의사가 되고 싶어.

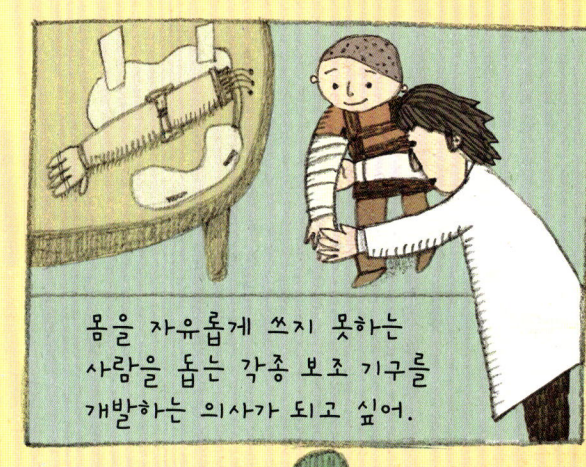

몸을 자유롭게 쓰지 못하는
사람을 돕는 각종 보조 기구를
개발하는 의사가 되고 싶어.

100살이 된 노인도 마음껏
걷고 춤을 출 수 있도록
돕는 의사가 되고 싶어.

사람들과 어울려 살 수 있도록
사회와 연결시켜 주는 역할을 하는
의사가 되고 싶어.

나도 재활 의학과 의사가 될 테야

훈민이와 정음이는 나 선생님에게 인사를 하고 병원을 나섰어요. 정음이는 머릿속으로 벌써부터 이번에 취재한 기사의 제목을 떠올리고 있었지요.
'환자의 건강과 행복을 돌보는 재활 의학과 의사!'
멋진 재활 의학과 선생님 덕분에 정말 근사한 기사를 쓸 수 있을 거라고 자신했지요.
훈민이는 나 선생님을 생각하며 자신의 미래를 상상했어요.
훈민이는 어느새 하얀 가운을 입은 재활 의학과 의사가 된 자신의 모습을 떠올리고 있었지요.

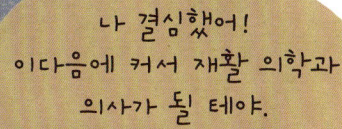
나 결심했어! 이다음에 커서 재활 의학과 의사가 될 테야.

무슨 꿈이 그렇게 자주 바뀌냐! 지난번에 '테마파크 디자이너'를 찾아갔을 때는 테마파크 디자이너가 될 거라고 했잖아!

재활을 돕는 재활 기구

재활 의학과에서 치료를 받고 일상생활로 돌아가는 환자들 가운데, 아무리 해도 예전처럼 생활할 수 없는 분들이 있어요. 몸이 마비되거나 팔과 다리 등을 잃은 환자의 경우이지요. 이럴 경우, 재활 의학과 의사들은 재활 공학자들에게 도움을 받아요. 재활 공학자들은 환자들을 도울 '재활 기구'를 연구하는 사람들이지요. 자, 어떤 재활 기구들이 있는지 한번 살펴볼까요?

내 맘대로 휠체어

온몸이 마비된 사람은 혼자서는 외출할 수 없을까요?
그렇지 않습니다. 고개만 돌리면 움직이는 휠체어가 있으니까요.

사용법
· 휠체어 뒤편의 머리 받침대에 머리를 댄다.
· 가고 싶은 방향으로 고개를 돌리면 휠체어가 간다.

작동 원리
· 머리 받침대에 센서가 달려 있어, 고개를 기울이는 방향에
  따라 휠체어를 조절할 수 있다.

이용하면 좋은 사람
· 목 아래 몸 전체가 마비된 사람.

말하는 안경

앞이 보이지 않는 사람은 자유롭게 밖으로 나갈 수 없을까요?
앞으로는 그렇지 않을 것입니다.
유비쿼터스 커뮤니케이션 기능성 안경이 있으니까요.

사용법
· 안경을 쓰고 안경에 붙은 이어폰을 귀에 꽂는다.

작동 원리
· 신호등과 안경에 송수신 장치가 붙어 있음.
· 안경을 낀 사람이 신호등 가까이 오면 신호등의 송신 장치에서 횡단보도, 층계 수 등의 정보를 안경의 수신 장치로 전달.
· 이어폰을 통해 전달된 정보를 음성으로 듣게 됨.

이용하면 좋은 사람
· 시력을 잃은 사람이나 나이가 많아 앞이 잘 보이지 않는 사람.

생각대로 팔

팔을 잃은 사람은 계속 팔 없이 살아야 할까요?
그렇지 않습니다. 내 팔처럼, 내 생각대로 움직이는 생체 공학 팔이 있으니까요.

사용법
· 생체 공학 팔을 몸에 붙인다.

작동 원리
· 팔을 움직이려고 생각하면, 뇌파로 인해 가슴 근육이 수축하며 전기가 발생.
· 생체 공학 팔은 이 전기 자극에 의해 움직이게 됨.

이용하면 좋은 사람
· 팔이 절단된 사람.

뼈를 울리는 전화기

귀가 들리지 않는 사람은 전화를 할 수 없을까요?
그렇지 않습니다. 특수 전화기인 골도 전화기가 있거든요.

사용법
· 이마나 귓바퀴 뒤에 수화기를 댄다.

작동 원리
· 전화 상대의 음성이 진동으로 변함.
· 진동은 뼈에 전달되고, 그것이 청각 신경을 자극해 소리를 듣게 됨.

이용하면 좋은 사람
· 귓바퀴 부분인 바깥귀에 이상이 생겨 소리를 잘 듣지 못하거나 들을 수 없는 사람.

의사는요,

질병을 예방하고 치료하여 사람들이 건강하게 생활할 수 있도록 하는 건강 지킴이예요. 사람들의 질병을 찾아내어 치료하고 질병을 예방하는 일에 힘쓰지요. 새로운 질병을 연구하여 의학 기술이나 약을 개발하기도 하고요.

의사는 사람들의 건강과 생명을 지키는 직업이기에 자긍심과 보람도 크지만 힘도 많이 들고 책임도 무거워요. 늘 아픈 사람을 만나야 하기 때문에 괴로울 때가 많고, 조금만 실수를 해도 사람들의 생명을 위협할 수 있기 때문에 늘 긴장해야 해요. 그래서 판단력, 기억력, 체력 등이 좋아야 하고 다른 어떤 직업보다 오랜 기간 열심히 공부해야 하지요.

하지만 아픈 사람들의 몸과 마음을 치료해 주고 싶다는 마음과 사람들의 생명을 지키겠다는 책임감이 있다면 좋은 의사가 될 수 있어요.

혹시 아픈 사람만 보면 꼭 고쳐 주고 싶다는 생각이 드나요? 그렇다면 열심히 공부하여 의사가 되는 것에 도전해 보세요. 사회가 발달하면서 노인 의학, 재활 의학 등 의학 분야도 다양해지고 있으니 어떤 의사가 될지도 미리 생각해 두면 좋겠지요?

• **도움을 준 책과 인터넷 사이트**

《재활의학》, 박창일 외, 한미의학
《0.1그램의 희망》, 이상묵 외, 랜덤하우스코리아
대한재활의학회 http://www.karm.or.kr
국립재활원 http://www.nrc.go.kr

• **일러두기**

1. 맞춤법과 띄어쓰기는 국립국어원에서 펴낸 〈표준국어대사전〉을 기준으로 삼았습니다.
2. 외국 인명, 지명은 국립국어원의 〈외래어 표기 용례집〉을 따랐습니다.
3. 용어는 국립국어원에서 펴낸 〈표준국어대사전〉을 따랐습니다.
4. 이 책에서는 노인 인구 증가에 따라 재활 의학의 중요성이 커지는 사회의 변화에 맞추어, 의사 가운데에서 특별히 재활 의학과 의사를 골라 다루었습니다. 또 어린이들이 의사가 하는 일을 쉽게 이해할 수 있도록 의사가 하는 일을 시간의 흐름에 따라 구성했습니다.